5722 ————————

Bÿ Sur Siècle

1887 ———— 1902

Couverture inférieure manquante

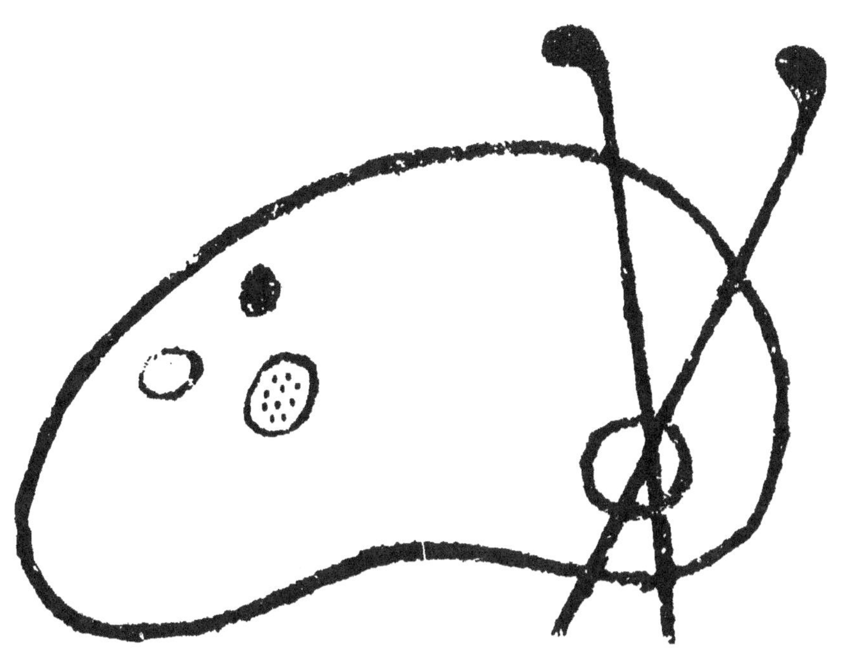

Début d'une série de documents
en couleur

LOUIS GUIBERT

LES

FOIRES ET MARCHÉS LIMOUSINS

AUX XIIIe ET XIVe SIÈCLES

(Extrait de l'*Almanach limousin* pour 1887)

LIMOGES

IMPRIMERIE-LIBRAIRIE V[o] H. DUCOURTIEUX

Libraire de la Société archéologique et historique du Limousin

7, RUE DES ARÈNES, 7

1887

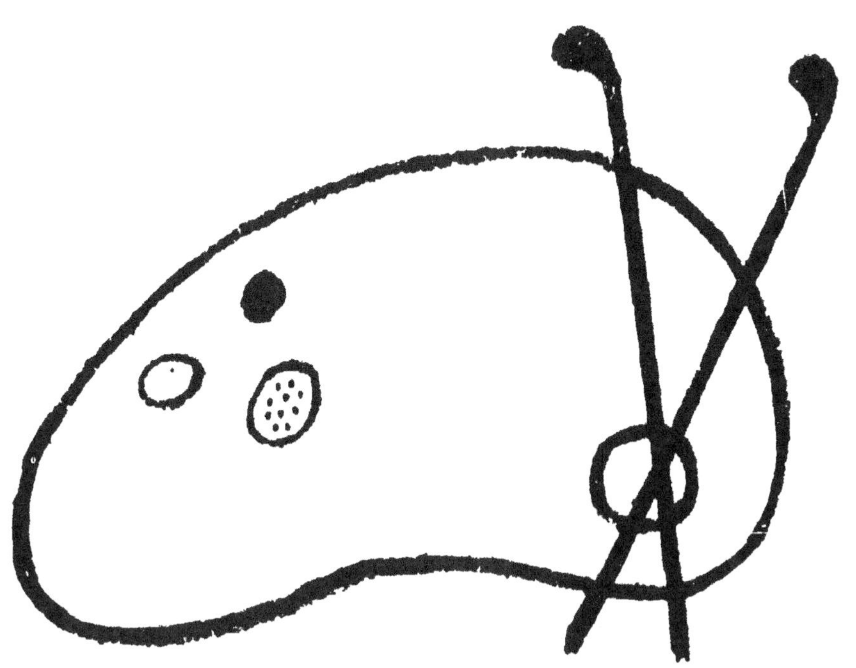

Fin d'une série de documents
en couleur

LOUIS GUIBERT

LES

FOIRES ET MARCHÉS LIMOUSINS

AUX XIIIe ET XIVe SIÈCLES

LIMOGES

IMPRIMERIE-LIBRAIRIE Ve H. DUCOURTIEUX

Libraire de la Société archéologique et historique du Limousin

7, RUE DES ARÈNES, 7

1886

FOIRES ET MARCHÉS LIMOUSINS

AUX XIIIe ET XIVe SIÈCLES

En Limousin, les plus anciennes foires dont on trouve
trace ne paraissent pas avoir été instituées par un octroi
spécial du pouvoir souverain ou de l'autorité féodale. Elles
sont nées des occasions, des circonstances, de la force des
choses, et se sont peu à peu établies à la faveur du concours
de peuple appelé périodiquement, autour des sanctuaires les
plus renommés, par le retour de certaines fêtes solennelles :
de la fête du patron de l'église surtout. Les deux premières
foires dont nous constatons l'existence dans notre pays, celle
de Saint-Martial, au Château de Limoges, et celle de Saint-
Léonard, à Noblat, se tiennent le jour même de la fête du
saint dont ces villes gardent le tombeau (1). Les négociants y
viennent de très loin, comptant, pour débiter leurs marchandises, sur l'affluence des pèlerins, non moins que sur celle
des gens attirés par leurs affaires.

A une époque assez rapprochée de nous, on renvoya la
foire au lendemain ou au surlendemain de la fête du saint,
afin d'éviter que le recueillement de ce jour fût troublé et de
laisser celui-ci consacré tout entier aux pensées pieuses et
aux exercices de dévotion. Cette mesure ne fut prise à
Limoges, en ce qui concerne la foire de Saint-Martial, qu'en
1543 (2). Antérieurement, toutefois, l'autorité ecclésiastique,

---

(1) 1294. — *In festo beati Marcialis... scilicet in nundinis* (Chroniques de
Saint-Martial, publiées par M. Duplès-Agier, p. 197). — XIVe siècle : *La feyra
se te lo jour de la granda festa de Mossenhor S. Marsal, que es lendema de
S. Peyr e de S. Pal* (Registre du Consulat, à l'Hôtel-de-Ville de Limoges,
fol. 143 recto). — 1287-1288 : *In nundinis sancti Leonardi, in die sancti
Leonardi* (Arch. Haute-Vienne, fonds de l'Évêché : procès entre l'évêque et
les consuls de Noblat-Saint-Léonard).

(2) ..... La foire que l'on a coustume tenir en ceste ville de Limoges a la
feste de Monsr Sainct Marcial.... . A este dit et ordonne par Monsr le lieute-
nant general et aultres officiers de la seneschaulcee de Limosin au siege de
Limoges, que dores en avant et pour l'advenir, icelle foire ne se tiendra et ne
se fera led. jour et feste Monsr Sainct Marcial, ains au lendemain, premier
jour de juillet ensuyvant. (*Registres Consulaires de Limoges*, en cours de
publication, t. I, vol. 1, p. 366).

constatant combien les préoccupations et les soins d'ordre temporel nuisaient à la solennité religieuse, avait décidé que, pour racheter les inconvénients de cette coïncidence, l'octave serait célébrée comme fête (1) : les cérémonies du 30 juin se répétaient donc le 7 juillet, avec un nouvel éclat et devant un grand concours de fidèles, dont la dévotion n'était plus distraite, cette fois, par les sollicitations de l'intérêt et les bruits du dehors. Peut-être en était-il ainsi dès le xiiie siècle, car les chroniques limousines contemporaines mentionnent plusieurs fois les réjouissances de l'octave de saint Martial.

Il y a, toutefois. à Limoges, au commencement du xive siècle, et sans doute dès le xiiie, une foire qui ne se tient pas le jour de la fête du saint et qui est fixée soit au lendemain, soit au dimanche qui suit : le passage de la chronique de Saint-Martial d'où nous tirons cette indication, nous apprend qu'en 1302, la foire de Saint-Gérald se tint le dimanche, 15 octobre, lendemain de la fête (2). L'énoncé du fait n'est accompagné d'aucune réflexion pouvant donner à penser que cette remise ait été considérée comme une anomalie. Si vraiment la foire dont il s'agit était d'ordinaire renvoyée au dimanche après la fête du saint, il faudrait peut-être en conclure que cette fête n'avait plus, dès lors, assez de vogue pour attirer un concours suffisant d'étrangers, et cette particularité de la fixation d'une foire au dimanche mériterait, en elle-même, d'être notée. Mais une telle interprétation du texte du chroniqueur ne paraît pas acceptable, et, selon toute vraisemblance, le passage en question signifie seulement que la foire de Saint-Gérald était renvoyée au lendemain de la fête du saint, dans certains cas tout au moins. Au xve siècle, elle se trouvait fixée au lundi après la·fête (3).

Cette mention de la foire de Saint-Gérald est, à notre connaissance, la plus ancienne qui nous soit fournie par les chroniques ou les documents. L'établissement de cette foire doit toutefois remonter à une date beaucoup plus reculée, au

(1) xve siècle. — *Fo ordenat, per so que la bonna gens de la villa non coïian la festa, a causa de la fieyra, que lo jour de la octava aguessen a colre coma festa* (Ancien Registre du Consulat fol. 143 r°).

(2) *Anno Domini MCCC° secundo, die veneris in vigilia beati Geraldi* (13 octobre) *fuit preconizatum forum legale; dominica sequenti* (15 octobre) *fuerant nundine sancti Geraldi* (DUPLÈS-AGIER, *Chron. de Saint-Martial,* p. 199).

(3) *Lo dilus apres la festa de S. Giraut se te l'autra feyra* (Ancien Reg. du Consulat. fol. 143 r°).

xii° siècle, autant qu'on puisse le conjecturer, et à l'épiscopat de Gérald du Cher (1138-1170 *al.* 1177). A cette époque, la ville du Château s'était fort agrandie, et le culte de saint Gérald d'Aurillac avait pris une certaine extension dans le diocèse. Alors fut construit, sous les auspices de l'évêque, avec le concours du vicomte et des consuls, et aussi, semble-t-il, de plusieurs confréries charitables (1), l'hôpital de Saint-Gérald, destiné à devenir, au xvii° siècle, l'hôpital général. C'est sur la place qui s'étend au-devant de cet édifice que se tint, au moyen âge, la foire de Saint-Gérald (2).

La foire de Saint-Martial se tenait, de toute ancienneté, dans le milieu de l'amphithéâtre romain (3), dont on voyait encore, au xvi° siècle, d'importants vestiges. La « place du Creux de l'Arène », où, à certaines fêtes solennelles, les prédicateurs parlaient en plein air à la foule (4), servait aussi aux exécutions capitales, aux exercices du tir de l'arc, aux revues de la milice bourgeoise, aux fêtes publiques. On la trouve affectée de plus, dès 1229, à la tenue du marché au bois, pour la ville du Château. Une ordonnance rendue à cette date par les consuls prescrit en effet le transport et la vente, aux Arènes, de tout le bois qui n'est pas destiné à être employé immédiatement aux édifices en construction (5). Au siècle dernier, le marché au bois se tient encore à la porte des Arènes, et c'est à peu de distance de là, dans le bas du Champ-de-Foire, que stationnent aujourd'hui les charrettes avec leur chargement de bûches ou de fagots.

Nous ne trouvons aucune indication sur la durée des foires. Rien n'autorise à penser que celles de Limoges se soient jamais prolongées au-delà d'une journée ; il semble résulter, au contraire, de l'ensemble des renseignements que nous possédons sur celles de Saint-Léonard, que ces dernières

---

(1) Voir notre notice sur les *Confréries de dévotion et de charité, et les œuvres laïques de bienfaisance à Limoges avant le* xv° *siècle* (Extrait du *Cabinet historique,* année 1883.

(2) *Se deu tenir en la plassa de S. Giraut* (Reg. du Consulat, fol. 113 r°).

(3) 1291. — *In festo beati Marcialis, in platea que vocatur lo Cros de l'Arena, scilicet in nundinis* (Chr. de Saint-Martial, p. 197). — Fin du xiv° ou commencement du xv° siècle : *La dicha feyra se deu tenir en la plassa del Cros de la Rena, pres de la glieyga deu Carmes* (Registre du Consulat. fol. 143 r°).

(4) 1212. — *Sermonem feci ad populum... in Ramis Palmarum, in amphi-theatro* (Chron. de Saint-Martial, p. 81). Saint-Antoine de Padoue, pendant son séjour à Limoges, prêcha aussi aux Arènes.

(5) Ancien Inventaire aux Archives de l'Hôtel-de-Ville : GG 208

duraient plusieurs jours consécutifs, peut-être une semaine.

Quand il y avait quelque menace de guerre, les foires de Saint-Martial et de Saint-Gérald étaient transférées à l'intérieur de la ville, sur la place du Marché, appelée aussi des Bancs Charniers (1). L'abandon de l'emplacement de Banléger, qui conserve cinq cents ans le nom de Vieux-Marché, remonte, semble-t-il, au commencement du xiiie siècle. Dès cette époque, les bancs des bouchers étaient établis sur le Nouveau-Marché. On trouve cette dernière appellation en usage en 1239 (2); ils y demeurèrent jusqu'en 1742, époque de la démolition de la halle. On y vendait aussi de la poterie et du pain; mais c'était surtout de l'autre côté du pilori, au Vieux-Marché, que les boulangers d'Aixe et de Solignac installaient leurs tables couvertes de pains et de gâteaux (3). Les poissons s'étaient autrefois vendus à la Porte-Poissonnière. En 1305, les gens du vicomte, à qui la sentence arbitrale des frères de Maulmont avait, en 1275, remis toute l'autorité et toute la juridiction dans le Château, transférèrent ce marché au Gras-du-Queyroix, devant l'église de Saint-Pierre (4). Un texte de 1289 nous apprend qu'on y vendait dès lors du pain (5). Le pain de froment, au xve siècle encore, ne pouvait être exposé en vente que sur la place publique, aux endroits accoutumés (6). En 1286 déjà, les officiers vicomtaux avaient transféré sur la place de Saint-Michel, auprès des lions de pierre qui ornaient le parvis de « l'église de l'Ar-

(1) *Sino que fos per doblansa de guerra ho autramen, e, en aquel cas, se deu tenir dans la villa en la plassa deu Marchat* (Reg. du Consulat, fol. 143 r°).

(2) *In mercato novo* (Terrier Isle-Balezis-Limoges, Cabinet Nivet-Fontaubert, à Limoges, Charte de 1239).

(3) Ils payaient une redevance qu'au xvie siècle percevaient les serviteurs de la maison de ville. La vicomtesse de Limoges, sœur du roi, demanda, en 1601, qu'on les exemptât de cette taxe (Arch. de l'Hôpital général). — 1395 : *La plassa ont se ven lo pa, contigua aus Bans* (Reg. de la Confrérie des Pauvres à vêtir, aux Archives de l'Hôpital).

(4) *Vendicio piscium, qui solebant vendi ad portam Peyssonieyra, fuit mutata, per gentes vicecomitis, ad gradum de Quadruvio* (Chron. de Saint-Martial, p. 141).

(5) *Ante gradus de Quadruvio, ubi panes venduntur* (Arch. de l'Hôpital : fonds de la Maison-Dieu.

(6) *De part los senhors Cossols..... faisom asabeir a tot que degun peytor no sia si ardit de vendre pa de fromen a negun ostalier si no en plassas publicas et acostumadas de la viela..... ni que negun ostalier no sia si ardit de lo anar comprar a l'ostal deudich pestor, mes en la dichas plassas publicas* (Reg. du Consulat, fol. 163)..... *Que negu home qu aporte pa de fromen per vendre, no sia si ardit de lo vendre ni deschargar sino en la plassa deu gran Merchat, en era (?) acostumat anticament e lo solien vendre* (Ibid).

change d'en haut » (1), le marché aux fruits et aux menues denrées, dont avait été en possession, jusque-là, l'ancien cloître de l'abbaye de Saint-Martial (2), le premier, croyons-nous, des marchés du Château.

Malgré tous leurs efforts, néanmoins, les vicomtes ne réussirent pas à déplacer, à leur profit, le centre du commerce : il demeura auprès du grand monastère, dans cette *Clautre,* berceau de la commune et du négoce de Limoges, où se vendaient encore, au XIVᵉ siècle, des marchandises de toute sorte (3), où la plupart de nos orfèvres avaient leurs ouvroirs, et où le Marché au blé (4) devait rester jusqu'en 1777. A la basilique de Saint-Martial aboutissaient les deux rues les plus fréquentées et les plus commerçantes de la ville : celle dite *du Clocher,* de nos jours encore la plus animée de Limoges, et la vieille rue des Taules, où, dès la fin du XIᵉ ou le commencement du XIIᵉ siècle, et bien antérieurement, à ce qu'on peut supposer, les banquiers et les changeurs avaient établi leurs comptoirs (5). La rue des Taules longeait la *Clautre,* qu'en 1307 on sépara des lieux réguliers par un portail en bois (6).

La ville du Château de Limoges possédait, antérieurement à 1566, une troisième foire, qui était probablement celle connue sous le nom de « Petite-Saint-Martial » et qui se tenait le 16 juin, quinze jours avant la fête du saint. Mais cette foire et celle de Saint-Gérald étaient « de bien petite valeur », et les consuls sollicitèrent, du roi Charles IX, l'établissement de deux nouvelles foires, celle de la Saint-Loup (22 mai) et celle des Innocents (28 décembre), qui leur furent octroyées par Charles IX, en 1566 (7). Une sixième,

---

(1) *Ecclesia archangeli superior* (Chron. du Prieur de Vigeois), par opposition à saint Michel de Pistorie, appelée *ecclesia archangeli inferior.*

(2) *Mercenaria fructuum et aliarum mercium que vendebantur in Claustro Lemovicensi, fuerunt mutata per gentes vicecomitis ad plateam sancti Michaëlis de Leonibus, circa leones lapideos* (Chron. de Saint-Martial, p. 136).

(3) *Claustrum..... in quo venduntur omnia necessaria.*

(4) *Que negun..... no sian si ardit de vendre sen blat, sino en la Claustra, aqui ont om la acostumat a vendre son blat, etc.* (Ancien Reg. Consulaire, fol. 163).

(5) *De reditibus tabularum nummulariorum* (Manuscrit de la Bibl. nationale, fol. 137); *in porticu sancti Marcialis, ubi sunt tabule nummulariorum* (Cartulaire d'Aureil, aux Arch. de la Hte-Vienne, — et *Vie de saint Geoffroi, prieur du Chalard,* publiée par Auguste Bosvieux, d'après une copie de D. Col).

(6) Manuscrits de Legros, au Séminaire de Limoges.

(7) En 1565, d'après les *Annales manuscrites,* p. 349.

celle des Rameaux, fut créée par des lettres de Louis XIII, données à Fontainebleau, au mois de juin 1624.

Nous possédons peu de renseignements sur les anciennes foires de Limoges; mais la pancarte des péages de 1377 (1) suffirait à établir que ces foires étaient fréquentées par beaucoup d'étrangers.

Le grain, dans le Château de Limoges, se vendait à la « mesure de la Clautre » (2), qui était la mesure de l'abbaye, et qui différait vraisemblablement de la « mesure du Château », probablement instituée par le vicomte; au surplus, nous ne sommes pas bien fixés à cet égard.

Comme dans presque toutes les autres villes de la région, la commune et le seigneur se disputèrent le droit d'étalonner et de vérifier les poids et mesures. Ce droit, qui appartenait, semble-t-il, au XII° siècle, au vicomte et à ses vigiers, paraît avoir été possédé, durant la première moitié du treizième, par le consulat, qui eut incontestablement, jusqu'en 1275, la police des marchés. Mais, après la lutte dans laquelle succombèrent les bourgeois, les Maulmont décidèrent que les poids placés ou appendus auprès des portes, la délivrance, l'inspection et la vérification des aunes, des coudées et de tous les poids et mesures, appartenaient à la vicomtesse (3). Ils lui adjugèrent aussi, avec les autres propriétés communales, les étaux que les consuls louaient aux boulangers, aux bouchers et aux autres marchands (4). En 1365 seulement, les bourgeois rentrèrent en possession de leurs anciennes franchises et recouvrèrent, avec leurs halles et leurs bancs charniers, leurs prérogatives de haute, moyenne et basse justice (5). Toutefois, après un long procès, Jeanne

(1) Ancien Registre du Consulat, fol. 152 r°.

(2) *A la mesura de la Clautra, vendent et comprant* (Ibid., 78 v°, etc., etc.). Peu de temps avant la Révolution, on voyait encore à Limoges, sur la place de la *Clautre,* des mesures à grains en pierre, inscrustées dans le mur, avec une ouverture en bas, sur le devant, qui servait à vider le grain dans les sacs (JUGE, *Changements survenus dans les mœurs, etc*).

(3) *Pondera dicti Castri prope portas vel alibi apposita vel appensa, et cubitorum et alnarum omniumque ponderum et mensurarum traditio, tailliatio, inspectio et emende..... ad viccomitissam pertineant* (Ordonnances des Rois de France, t. III, p. 61).

(4) *Stanna vel stalla ejusdem Castri ad vendendum panes, seu carnes aut pisces vel quelibet mercimonia ordinata vel ad ordinandum parata..... Que non sunt in locis propriis..... dictorum burgensium vel hominum aut non sunt propria singulorum, ad dictam Mariam.... . pertineant* (Ibid).

(5) Voir le procès-verbal de cette restitution : Louis GUIBERT, *Les Commentaires d'Étienne Guibert sur la Coutume de Limoges.* Limoges, v° Ducourtieux, 1883.

d'Albret, vicomtesse de Limoges, fut remise en possession de l'étalonnage et de la police des poids et mesures. (Arrêt du Parlement de Paris du 5 septembre 1544) (1).

Nous trouvons le vin et le blé très anciennement taxés. Le droit d'établir cette taxe, désignée d'ordinaire sous le nom de *forleal,* appartient au xiii° siècle, d'après la Coutume, aux consuls assistés du Conseil de ville (2). C tte prérogative fut l'objet de longues querelles entre les vicomtes et les bourgeois. Dans les dernières années du xiv° et les premières années du xv° siècle, le forleal du vin est fixé et publié le vendredi avant la foire de Saint-Gérald (3).

La vieille ville épiscopale du bord de la Vienne, la Cité de Limoges, avait ses foires et marchés particuliers. Son marché au bois se tenait, dès une époque fort reculée, au port du Naveix, où s'empilaient les bûches et cotrets venus du haut pays par la rivière (4) et où une pile de pierres de taille, élevée à côté de la petite chapelle de la Vierge, portait encore gravées, au xviii° siècle, les dimensions de l'abal et de la bûche (5).

Le marché de la viande était placé dans la rue actuelle de la Haute-Cité, où avaient été établis un certain nombre de bancs, lesquels furent brûlés, en 1567, par les troupes de Montluc (6). C'est sur cette place qu'en 1365 le sénéchal du roi d'Angleterre tient ses assises.

Des foires de la Cité, on ne connaît pas de mention antérieure au xiv° siècle ; mais leur origine remonte, sans nul doute, à une date beaucoup plus éloignée ; car les bourgeois de cette ville paraissent avoir, les premiers de toute la pro-

---

(1) *Registres Consulaires* en cours de publication, t. I, 1er vol. p. 383 et 384.

(2 *Consules, cum consiliariis, taxant et statuunt commune forum vini et bladi* (Coutumes).

(3) *Los senhors Cossols... en lor cossolat, am lo cosseilh de seux qui lor sera avís de la bonna gens de la villa, deven ordonar far lo fortleal deu vi, metre lo pres au muey de vi ; fach que l'agan, lo deven far publiar per villam a so de trompa... lo divendres avan la dicha feyra de S. Giraut.* (Acte de la fin du xiv° ou du commencement du xv° siècle ; ancien Reg. du Consulat, fol. 142 v°). Il résulte d'une note ci-dessus que, dès 1302, cette publication a lieu le même jour.

(4) Nous trouvons, dès le xii° siècle, dans deux chartes du fonds du chapitre de Saint-Étienne, trace de l'usage vraisemblablement très ancien, de conduire par eau le bois de la région haute de la Vienne à Limoges.

(5) Ces dimensions étaient gravées sur une bande de fer (Arch. Haute-Vienne, Registres de l'Évêché).

(6) *Journal de Jarrige,* publ. par M. B. de Montégut.

1.

vince, possédé une organisation communale. Quand leurs consuls ouvrent, le 24 août 1370, les portes des remparts aux ducs de Berri et de Bourbon et au maréchal de Sancerre, ils stipulent expressément que le Roi de France confirmera leurs priviléges, les maintiendra notamment ou les remettra en possession des deux foires qui se tiennent le jour de la fête de saint Christophe et le jour de la fête de saint André, ainsi que d'un marché hebdomadaire fixé au lundi et accordera sa sauvegarde spéciale à tous ceux qui viendront aux dites foires et au dit marché (1). — Il convient de remarquer que saint André était le patron d'une des plus anciennes églises paroissiales de la Cité; on en faisait même remonter la fondation à saint Martial. Saint André était l'objet d'un culte spécial de la part des habitants de la campagne. On les voyait encore, au commencement du xvii° siècle, accourir la veille de sa fête au vieux sanctuaire, s'installer à l'entrée de l'église, sous le clocher, et y passer la nuit en prières, allumant force cierges, parfois même en plaçant autour de leur tête, à ce que rapporte le P. Bonaventure de Saint-Amable (2). Quant à l'église de St-Christophe, elle était située hors des murs, près de l'antique abbaye de Saint-Augustin, sur les terrains où la tradition plaçait le principal lieu de sépulture de la ville à l'époque gallo-romaine, ou du moins le cimetière chrétien qu'avait consacré et béni le premier évêque de Limoges (3).

La confirmation royale accordée aux foires de la Cité de Limoges dut très certainement être obtenue à une époque antérieure pour celles des autres villes du pays. On ne saurait douter que les foires et marchés de Saint-Léonard et de Solignac, par exemple, dont les églises étaient placées sous la protection toute spéciale des rois de France, ne fussent en possession de priviléges très anciens. Le sauf-conduit général assuré sept jours avant la tenue de l'assemblée et sept jours

<hr>

(1) *Item, et quod perpetuo teneantur nundine bis in anno et mercatum quolibet septimana in dicta civitate, prout antiquitus consuetum est, videlicet nundinæ in quolibet festo Beati Christophori et in quolibet festo Beati Andree apostoli, et mercatum quolibet die lunæ, et quod venientes ad dictas nundinas et mercatum pro emendo et vendendo, et redeuntes a eisdem sint in salva speciali gardia dicti domini nostri Regis* (Almanach Limousin, année 1869, partie historique, p. 24 et 25).

(2) Le P. BONAVENTURE DE SAINT-AMABLE, *Histoire de Saint-Martial,* t. II. p. 248.

(3) Bibl. nationale, manuscrit latin. 12746 (ESTIENNOT, p. 132).

après, à toute personne allant à la foire de Saint-Léonard ou en revenant, ne peut s'expliquer que par une concession royale (1). Les magistrats municipaux ou les seigneurs des villes où se tenaient les foires ou les marchés, s'efforçaient, du reste, d'accroître les sûretés promises aux marchands et étrangers qui les fréquentaient, en sollicitant de nouvelles déclarations de sauvegarde de leurs suzerains, de leurs parents et alliés, de tous les nobles des alentours. En 1239, le vicomte de Limoges, sans doute à la requête de l'abbé de Solignac, déclare prendre sous sa protection toute personne venant au marché qui se tient chaque samedi dans la petite ville construite à l'ombre du monastère de saint Éloi et prescrit à ses prévôts et à ses baillis de veiller sur elles, de les défendre contre toute attaque, de les préserver de tout dommage jusqu'à leur retour dans leur maison (2).

Cette charte est un des plus anciens documents que nous possédions concernant nos marchés ou nos foires, et nous ne connaissons pas, en Limousin, un seul titre, sur la matière, antérieur au xiiie siècle ; mais si, avant cette période, nous ne savons rien ou à peu près rien relativement à ces rendez-vous du commerce et de l'agriculture, nous trouvons trace, dès le siècle précédent, de la présence de marchands de Limoges aux grandes foires des provinces éloignées et notamment aux foires de Champagne. Ils y apportent leurs cuirs, sans doute aussi leurs draps, leurs toiles, leurs tapis et leur orfèvrerie. Ils possèdent, à Provins, une halle spéciale de déballage, connue

(1) *Quum nundine sancti Leonardi debent esse, tunc preconizatur in dicta villa, per septem dies vel octo, quod omnes venientes ad dictas nundinas habeant salvum et securum venire et reverti ad dictas nundinas, per septem dies in veniendo ad dictas nundinas, et per septem post in redeundo. Et tunc fit bannum in dicta villa, seu preconizatur cum trumpis ex parte episcopi Lemovicensis, consulum et communitatis, quod omnes habeant salvum venire ad dictas nundinas per septem dies ante ipsas nundinas et per septem dies post* (Archives Haute-Vienne, Évêché, n° 2110. Déposition de Pierre d'Arfeuille).

(2) *Universis presentes litteras inspecturis, Guido, vicecomes Lemovicensis, salutem in Domino. — Noverint universi quod nos recepimus sub protectione nostra et custodia omnes venientes diebus sabbati ad mercatum Sollempniaci et redeuntes usque ad domos suas. Et si alicui (?), eundo et redeundo ad supradictum mercatum, aliquis inferat molestiam vel gravamen, nobis reputaremus esse factum, nec dimittemus aliquatenus impunitum. Precepimus etiam nostris prepositis et bailivis ut euntes et redeuntes ad supradictum mercatum custodiant et defendant. Datum apud Sollempniacum, die dominica qua cantatur Letare Jherusalem, anno Domini M° ducentesimo XXX° nono* (Vidimus de 1270, aux Archives départementales de la Haute-Vienne, fonds de Solignac, liasses sans numéros).

sous le nom de « maison de Limoges » (1) et acquittent à l'église Saint-Quiriace un droit sur les objets qu'ils y vendent. Une charte du comte Henri le Libéral rappelle, en 1195, aux marchands qui fréquentent les foires de Troyes, à ceux de Paris, de Reims, de Rouen, d'Etampes et de Limoges, entr'autres, qu'ils doivent payer le tonlieu à l'église de St-Étienne de cette ville, sur les marchandises qui leur ont été achetées (2). Trois ans plus tard, en 1198, une autre charte du même constate un échange à ce sujet entre lui et l'église de Saint-Etienne. Celle-ci abandonne au comte le droit de tonlieu qui lui est dû par les marchands de Limoges aux foires du mois de mai, à Provins, et reçoit en échange le tonlieu payé par les mêmes à la foire de Saint-Jean, à Troyes. Il est stipulé que cette redevance ne sera pas augmentée, mais qu'elle sera perçue quel que soit le lieu où ces négociants auront déballé leurs marchandises (3).

Les marchands de Limoges n'étaient pas les seuls de la province qui suivissent les grandes foires. Ceux de Saint-Léonard les fréquentaient également. Nous en trouvons la preuve dans les déclarations d'un témoin appelé à déposer au cours d'une enquête faite en 1288 par deux commissaires royaux, sur les droits respectifs de l'évêque de Limoges et de la commune de Saint-Léonard : ce témoin rapporta que, douze ans environ auparavant, il avait vu un habitant de cette ville arrêté et détenu dans la prison de la salle épiscopale, pour une dette contractée aux foires de Champagne. Ce sont les consuls eux-mêmes et les drapiers de la ville qui sollici-tèrent alors cette incarcération, dans l'intérêt des marchands de Saint Léonard, ceux-ci ayant témoigné la crainte d'être eux-mêmes mis en prison quand ils retourneraient aux foires

(1) *C'est li droict que l'Eglise de Sainct-Quiriace prant chascun an es den-rees et marchandises vendues es maisons de l'Aurillac, de Toulouse, de Lymoges et autres maisons sises en la rue Culoison* (BOURQUELOT, *Histoire de Provins*, t. I, p. 412.

(2) *Ego, Henricus, Trecensium comes palatinus, notum facio..... Quod omnes mercerii de Remis, de Parisius, de Rothomago, de Stampis, de Lemovica, et omnes illi qui merceriam vendunt..... ecclesie beati Stephani Trecensis de mercibus venditis theloneum reddere tenentur* (Cartulaire de Saint-Etienne-de-Troyes, ms latin, 17093 de la Bibliothèque nationale, fol. 35, ancien 5 r°).

(3) *Cum ecclesia sancti Stephani Trecensis haberet theloneum mercatorum Lemovicensium apud Provinum in nundinis maii, pro eo excambivi eis theloneum eorumdem mercatorum in nundinis sancti Johannis, apud Trecas, ita quod non plus ab eis exigant quam solitus sum exigere... Concessi quod, ubicumque mercatores Lemovicenses venderent, sive in domibus liberis, sive alibi, ecclesia beati Stephani theloneum de eis haberet* (Ibid, fol, 35 v°.

de Provins ou de Troyes, si le débiteur dont il s'agit n'était pas poursuivi (1).

Les relations commerciales de Limoges au moyen âge étaient fort étendues. On trouve trace du passage, ou du séjour, dans cette ville, de marchands de tous les pays de l'Europe et on rencontre partout des Limousins. Au xvie siècle, la capitale de la province a des rappports de banque et de commission très suivis avec Paris, Lyon, Toulouse, La Rochelle, Amiens, et ses négociants poussent leurs tournées « à Anvers et Flandre et dehors le royaume (2) »; nous avons même relevé le nom de l'un d'eux, Pierre Boivin, — peut-être Boutin, — sur la liste des esclaves rachetés à Alger, en 1643, par les Pères Trinitaires (3). — Les localités voisines : Saint-Léonard, Saint-Junien, Eymoutiers, ont aussi leurs voyageurs de commerce. Saint-Léonard s'approvisionne directement à Genève, dans la première moitié du xv" siècle, de marchandises d'épicerie, de papier et de certaines étoffes (4), et ses marchands poëliers font venir de Normandie des artisans habiles dont ils s'assurent, par des traités spéciaux, tous les produits (5).

Pour voyager avec quelque sécurité, les marchands qui allaient aux foires lointaines s'organisaient en compagnies souvent fort nombreuses. A la tête de chacun de ces groupes, formés de négociants du même pays ou de provinces limitrophes, était placé un syndic ou capitaine, chargé du commandement de la caravane, de toutes les mesures d'intérêt commun, et des négociations soit avec les autorités royales, soit avec les seigneurs et les magistrats des villes où se tenaient

(1) *Riguaudus de Quercu, presbiter....., vidit Guillermum Maument, de dicta villa Nobiliaci, captum et arrestatum in dicta aula episcopali dicte ville, ubi prepositus tenebat eum, pro denariis quos debebat, ut dicebatur, in nundinis Campanie. Postea vidit ipsum liberatum quia, ut dicebatur, solvit dictos denarios..... Audrerius Normanni, prepositus, arrestavit..... dictum Maument ad instanciam consulum dicte ville, Guillermi Danielis, Jocealmi et fratris Johannis Joberti, Petri Jovet et aliorum drappariorum de dicta villa, qui dicebant isti testi quod, nisi caperet eum, ipsi arrestarentur cum irent ad nundinas Campanie.* (Arch. Haute Vienne, 2440).

(2) Archives nationales. Informations au sujet de la tentative des Ligueurs pour s'emparer de Limoges (KK 1212). Déposition de Jean Romanet et autres.

(3) Dom P. Piolin, *René Desboys du Chastelet* (Revue historique et archéologique du Maine, année 1882).

(4) Livre de raison des Massiot de Saint-Léonard : compte de marchandises de 1437. (*Bulletin de la Société scientifique et historique de Brive*, année 1885).

(5) Actes de la fin du xve siècle (*Ibid.*).

les foires. Ce syndic avait aussi la police intérieure de la caravane, veillait à la bonne installation des boutiques ou des étaux et à la loyauté des ventes. Il est vraisemblable que, pour aller aux foires de Champagne et de Flandre, les marchands Limousins s'étaient affiliés à la grande compagnie des négociants de la Provence et de la Langue d'oc, dont les consuls de Monpellier, en vertu d'un vieil usage, désignaient le capitaine (1). On sait quelles anciennes relations existaient entre la colonie vénitienne établie dans cette ville et le commerce de la capitale du Limousin, où cette colonie eut de bonne heure un entrepôt.

Les magistrats des cités commerçantes dont les négociants formaient ces caravanes veillaient de leur côté, à ce qu'il ne se glissât pas, parmi eux, de gens suspects, et on trouve un certain nombre d'exemples d'interdictions de se mêler à ces compagnies, prononcées par les consuls eux-mêmes. C'est ainsi qu'en 1257, on voit les consuls du Château de Limoges, assistés du conseil de ville, interdire à un bourgeois d'aller à aucune foire ou marché, seul ou en compagnie, et insister sur la défense d'accompagner d'autres négociants. En cas de désobéissance, la peine sera une amende énorme : cent livres, applicables au Consulat et à la communauté (2).

Grâce à ces précautions, les marchands qui fréquentaient les foires jouissaient d'une sécurité relative. Il ne faut pas oublier, du reste, que des garanties particulières leur étaient promises par les chartes d'établissement de ces grands marchés. Les compagnies de commerçants et les villes passaient avec les seigneurs des traités particuliers pour obtenir d'eux non-seulement qu'ils ne dépouillassent pas les voyageurs, mais encore qu'ils leur donnassent aide et protection. Le plus ancien des Registres Consulaires de Limoges nous fournit un curieux spécimen de ces conventions. En 1223, deux chevaliers de la puissante forteresse de Châlucet, un des repaires

<hr>

(1) *Capitaneus mercatorum et universitatis mercatorum de Provincia et de Lingua de Hoc, nundinas Campanie frequentantium. ... Capitaneus provincialium..... Capitaneus in Francia et in nundinis Campanie omnium mercatorum Montispessulani et aliorum mercatorum qui voluerint esse in ipsorum societate* (Consulter F. BOURQUELOT, *Histoire de Provins*).

(2) *Acordat fo per los cossols deu Chasteu de Lemotges e per cosseilh de prosomes, que si Felips Negres deis aissi en un anava ni trametia am geinh ni seis geinh a deguna feira ni a degun merchat part lo defendement deus Cossols, lo Cossolatz e lo cuminals d'esta vila en deu aver e l' seis marce; ni anar a aquestas feiras, no deu fa companhia am degun home. Actum mense augusti, anno Domini millesimo ducentesimo quinquagesimo septimo* (Reg. du Consulat, fol. 21 r°).

les plus formidables du pays et le plus redouté des bourgeois, s'engagent par serment « à garder les chemins, et les hommes de Limoges allant et venant, et à conserver leurs biens en la main des consuls (1). » On peut regretter que cette mention trop sommaire ne fasse pas connaître les diverses clauses du traité et surtout le prix de la protection promise par les seigneurs de Châlucet aux bourgeois.

A dater du règne de Philippe-Auguste, et surtout de celui Saint-Louis, l'autorité des officiers royaux devint pour les voyageurs et pour les marchands en particulier une puissante sauvegarde. Les anciens registres du Parlement attestent que le commerce jouissait, au xiii᷎ siècle, d'une protection plus efficace qu'on ne se l'imagine communément. Pour n'en citer qu'un exemple : on voit, en 1267, les héritiers du vicomte de Limoges, Gui VI, condamnés à payer quatre cents livres tournois de dommages intérêts à des marchands de Cahors que ce seigneur a détroussés, — c'est le mot propre, qui vient de *trossellum*, bagage, ballot — sur les terres du seigneur de Châteauroux. Cette somme est destinée à indemniser ces marchands non de la perte de leurs marchandises, qui leur ont été restituées, mais des dégâts éprouvés par certaines de ces marchandises, des fourrures notamment, qui, mouillées et gardées par le vicomte du jour de Noël à la Purification, n'ont pu être vendues qu'à bas prix (2).

Il faut signaler d'une façon toute particulière cet arrêt de la cour du roi ; car il contient une phrase qui semble consacrer la responsabilité, sauf recours contre le coupable, d'un fonctionnaire dans la circonscription duquel les marchands ont été dépouillés (3).

Les traités avec les seigneurs n'étaient pas toujours scrupuleusement tenus et l'efficacité de la protection royale avait quelquefois des intermittences. Il restait, dans ce cas là, aux bourgeois des villes, la ressource de faire eux-mêmes justice

---

(1) *Memorial q[ue] A. de Jaunac e Gui de Peiriguos jureren sobre s[ains] euvangel [is ad gardar los chamis e los homes de Lem[otges] anans e venens e las lors chauzas en las mas deu Cossulum. Actum anno g[rari]e M° CC° XX° tercio* (Ibid.. fol. 21 v°).

(2) *De trossellis ablatis in terra Domini Castri Radulphi* (Olim., t. I, p. 257 à 259).

(3) *Radulpho de Prungiaco, armigero. ... licet enim prius condempnari posset de jure dictus Radulphus, in cujus pedagio fuerunt pelles subrepte, tamen, quia postmodum ad dictam vicecomitissam idem Radulphus haberet recursum...* (Parlement de l'Octave de la Toussaint, 1267, p. 259).

et d'infliger aux chevaliers pillards et aux batteurs d'estrade une leçon de nature à les rendre plus circonspects à l'avenir. On trouve au xiiie siècle plusieurs exemples d'expéditions dirigées par les communes limousines contre les châteaux dont les propriétaires s'étaient portés à quelque violence sur des voyageurs ou des négociants. Vers 1230, un chevalier des environs de Saint-Léonard, Guillaume du Puy, arrêta trois marchands de cette ville sur la route de Noblat à Limoges, les emmena prisonniers et fit main basse sur les cuirs dont ils étaient chargés. Les consuls de Saint-Léonard en furent avisés. Dès le lendemain, ils convoquèrent la commune, et une troupe nombreuse de bourgeois, en armes et bannière déployée, se dirigea vers Saint-Martin-Terressus, où Guillaume avait son habitation. Ce seigneur ne s'y trouvait pas lorsqu'elle y arriva; peut-être avait-il fui à son approche. Les bourgeois tournèrent leur colère et leur vengeance contre son manoir, qu'ils détruisirent de fond en comble, après l'avoir entièrement pillé. En s'en allant, ils emmenèrent avec eux trois des vassaux du chevalier, destinés à répondre corps pour corps de leurs concitoyens. Ces ôtages furent emprisonnés dans la tour de la porte Champmain et la commune ne leur rendit la liberté qu'après le paiement d'une rançon. Ce n'est pas tout : Guillaume du Puy fut sommé par cri public, trois jours de marché consécutifs, d'avoir à comparaître devant les consuls pour répondre de ses méfaits. Il ne se présenta pas, comme on peut bien le penser. En conséquence, le bannissement perpétuel fut prononcé contre lui et ses héritiers. Ceux-ci tinrent la condamnation pour si sérieuse et se montraient si peu rassurés sur les conséquences d'une infraction à ce jugement, que, soixante ans plus tard, le fils de Guillaume n'avait pas osé encore remettre le pied dans la ville (1).

(1) *Imponebatur domino Guillelmo de Podio, militi, quod ipse ceperat tres mercatores de dicta villa, et coria ipsorum extra locum contenciosum, inter villam Nobiliaci et Civitatem Lemovicensem, et quod eos et corum bona duxerat captos per nemora et forestas..... In crastinum consules et communitas dicte ville qui tunc erant, iverunt cum armis et vexillo ad domum dicti militis, apud villam sancti Martini, que quidem villa distat per duas leucas a villa Nobiliaci..... et omnia bona que erant in dicta domo ceperunt et ea secum apportaverunt, et domum dicti militis funditus destruxerunt. ... cum reverterentur de dicta domo, ipsi ceperunt tres homines de hominibus dicti militis, et secum adduxerunt captos in villam de Nobiliaco, et eos posuerunt in prissionem in portalicio Magni Campi..... Audivit evocari ter diebus mercati dictum militem ex parte consulum et communitatis..... Et dictus miles et ejus heredes in perpetuum fuerunt banniti..... Et filius dicti militis adhuc vivit, et modo non est ausus intrare dictam villam* (Arch. Haute-Vienne, Évéché, 2440. Déposition de Pierre Tutonis).

Peu d'années après, un chevalier appartenant à une des familles nobles qui possédaient, dès une époque fort reculée, le château de Noblat, Adémar Marchès, se rendit coupable de violences analogues au préjudice d'un bourgeois de Saint-Léonard. Les consuls réunirent la commune et allèrent, à sa tête, délivrer le prisonnier. On s'empara d'Adémar, de son fils, de son frère et d'un autre noble qui se trouvait avec eux et avait, sans doute, participé à l'attentat; on les ramena à Saint-Léonard et on les enferma dans la prison du Consulat, où ils demeurèrent quelque temps et ne sortirent, sans doute, qu'après avoir payé une rançon ou des dommages-intérêts à leur victime. Puis ils furent bannis de la ville pour une année (1).

Quand les seigneurs devenaient coutumiers du fait ou qu'ils disposaient de forces redoutables; quand ils avaient à leurs ordres une troupe nombreuse de soldats et qu'ils occupaient un manoir solidement fortifié, il fallait recourir à des moyens plus puissants. L'évêque, qui était encore, à cette époque, le gardien principal de la paix publique, s'assurait du concours de quelques chevaliers, convoquait les communes et marchait contre le repaire des pillards, auxquels on imposait de force le respect du pacte de sécurité. Pendant sa lutte contre les bourgeois de Limoges, la vicomtesse Marguerite avait placé dans la forteresse de Châlucet une garnison qui, ne se contentant pas de tenir la ville bloquée, faisait mille maux aux voyageurs et aux habitants des campagnes. L'évêque, après avoir adressé à la vicomtesse d'inutiles remontrances, organisa lui-même, en 1269 ou 1270, une petite armée qui enleva le fort et délivra pour un temps le pays des incursions de ces pillards (2). Il n'y avait que la force pour venir à bout de ces garnisons. Aucune localité en Limousin n'avait été dotée d'aussi larges priviléges de Solignac. Trente chartes royales, depuis Dagobert et Pépin, assuraient la protection spéciale du souverain à l'abbaye et à ses vassaux. Néanmoins, peu de petites villes eurent autant à souffrir des incursions de leurs voisins. Malgré toutes les sauvegardes du roi, de l'évêque, du

(1) *Ademarus Marches, miles, cepit quemdam burgensem..... Iste audivit preconizari cum trompis per villam .... Quod omnes sequerentur dictos Consules cum armis ad domum dicti militis.... Vidit eos reverti, et adducebant dictum militem captum, etc.* (Ibid).

(2) *Dominus Aymericus, Lemovicensis episcopus, habuit communias Lemovicensis diocesis contra raptores qui erant apud Chaslucetum* (Bibl. nationale, ms. lat. 11019, fol. 269. Voir aussi ms. lat. 5452, fol. 23. et *Annales manuscrites de Limoges*, p. 201.

vicomte de Limoges, les foires et les marchés de Solignac n'étaient rien moins que très sûrs. On voit par exemple, en 1350, une troupe d'officiers et de serviteurs de Louis de Sully, seigneur de Châlucet, entrer un jour de foire dans Solignac. Tous ceux qui la composent sont armés. Ils se rendent maîtres de la porte de la ville, la ferment et **y** placent des gardes; puis, se dirigeant tout droit vers la place où se trouvent les bestiaux, ils s'emparent de sept bœufs et vingt-quatre moutons et s'efforcent de les emmener. Mais les paysans, revenus de leur surprise, les entourent, leur arrachent leur proie et les obligent à décamper sans toutefois « faire à culx aultre villenie »; car on avait grand'peur de ces terribles voisins. Les gens de Châlucet se vengent en courant les terres de l'abbaye et en enlevant sur les domaines des religieux une quantité considérable de bestiaux (1).

Un document auquel nous avons déjà emprunté plusieurs traits nous fournit la peinture la plus animée et la plus curieuse d'une foire Limousine au temps de Saint-Louis. Nous sommes à Noblat-Saint-Léonard. La fête du patron de la localité, le plus célèbre et le plus vénéré des saints du pays après saint Martial, attire un grand nombre d'étrangers; le 6 novembre est, de temps immémorial, la date d'une des principales assemblées de la province et des plus suivies. Pendant toute la semaine qui a précédé le solennel anniversaire, les crieurs publics ont annoncé, à son de trompe, de la part de l'évêque de Limoges, des consuls et de la commune, que toute sécurité sera garantie aux personnes se rendant à la foire de St-Léonard ou en revenant, et que sept jours avant l'assemblée et sept jours après, elles jouiront du privilége de ce sauf conduit spécial (2). Les marchands affluent de toutes parts; ils viennent non-seulement des localités voisines, de Limoges, d'Eymoûtiers, de Bourganeuf, de Saint-Junien, de La Souterraine, de La Jonchère, mais des villes commerçantes des provinces limitrophes : de Chénérailles, de Guéret, de Châteauroux, de Montauban, de l'Auvergne et du Périgord. Ils déballent leurs assortiments et s'installent les uns dans des maisons préparées à cet effet; les autres, sur la voie publique. De temps immémorial, les bourgeois de Saint-Léonard jouissent du privilége de tirer parti, les jours de foire et de marché, de l'emplace-

(1) Archives de la Haute-Vienne, fonds de Solignac, liasses non inventoriées.
(2) Voir plus haut.

ment situé devant leur habitation. Sauf le passage central réservé pour la circulation, la rue appartient alors aux riverains qui peuvent, soit louer simplement le terrain aux marchands, soit y établir pour ceux-ci ou pour eux-mêmes des tables ou des tentes (1).

Les consuls de la ville sont là, à la tête d'une troupe de bourgeois en armes, et prêts à se porter sur le point où leur présence sera réclamée. Ils ont la garde de la foire, et, de nuit comme de jour, ils doivent veiller pendant toute sa durée à la sécurité publique et au bon ordre (2) Ils sont dirigés ou assistés dans cette mission par le prévôt de l'évêque et les vigiers chargés d'exercer les droits des familles nobles qui possèdent le château de Noblat.

Les portes de la ville sont ouvertes; mais à chacune se tient le garde-portes ou un autre officier du Consulat aidé de quelques hommes. Tout étranger porteur d'une arme, doit, à son arrivée, la remettre entre les mains des bourgeois; elle est déposée au corps de garde et on la rendra au propriétaire lorsqu'il repartira. Tout le monde est tenu de se conformer à cette règle : on voit les plus grands seigneurs du pays, les chevaliers de Pierrebuffière et de Châteauneuf, par exemple, s'y soumettre sans résistance (3).

La foire a commencé. Les animaux qu'amènent les paysans des environs pour les vendre ne sont pas tous réunis sur la même place. Tout au moins y a t-il le Marché aux Vaches et le Marché aux Porcs (4). Les bêtes malades sont signalées

(1) *Petrus de Rupe Amatoris..... requisitus que explecta habeant burgenses de plateis vacuis dicte ville, dicit quod quilibet burgenses commorantes in villa, tempore nundinarum sancti Leonardi, locant mercatoribus plateam vacuam ante domum suam, secundum quod potest. ... Frater Vincentius : Burgenses explectabant ante domum suam, tempore nundinarum et mercatorum, faciendo logias et stalos, prout sibi placet, durantibus nundinis et mercatis.*

(2) *Petrus de Rupe Amatoris..... vidit custodiri nundinas et mercata beati Leonardi per consules dicte ville, cum armis et sine armis.... Frater Vincentius..... vidit custodiri nundinas..... per dictos consules, de die et de nocte. Petrus Botineau..... vidit Helyam de Lemovicis, militem, et Bertrandum de Vossinhac (sic) et servientes suos armatos custodientes nundinas pro dicto episcopo Lemovicensi..... etc.*

(3) *Cum aliquis deferebat ensem quum intrabat villam, ipsi auferebant ei ensem suum, et postmodum, quum recedebat de villa, ipsi reddebant ei..... de nominibus illorum quibus vidit auferri enses suos..... dicit quod domino Petro de Petra Buferia et aliis tribus militibus qui erant cum ipso; et dictos enses amoverunt istis Giraudus Lafeille et ejus frater, et quatuor alii..... subtus portale porte Eleemosinarie.*

(4) Le marché aux vaches est mentionné dans les enquêtes de 1279 et 1288; il est parlé du marché aux porcs dans le livre de raison des Massiot, vers le milieu du XVe siècle.

aux magistrats; ceux-ci les font saisir, les examinent et punissent sévèrement ceux qui les ont mises en vente (1). Des cultivateurs à qui des animaux ont été dérobés ont parfois l'heureuse chance de les retrouver sur le champ de foire et de mettre la main sur le voleur, qu'ils livrent aux consuls (2).

A travers les places et les rues circulent les magistrats chargés de la vérification des mesures. Ils prennent les aunes et les coudées dont se servent les marchands, et en vérifient les dimensions (3). Il est loisible, du reste, à chacun, de constater par soi-même si son aune ou sa coudée sont justes. L'étalon se trouve, en effet, à la disposition de tout le monde. Vers 1240, un officier royal chargé de la garde des Régales, l'a fait graver sur un pilier de l'église même de Saint-Léonard (4). Les mesures qui ne sont pas trouvées conformes à l'étalon sont brisées et les détenteurs punis d'une amende. Vers 1270, on voit deux marchands, l'un de Chénérailles, l'autre de Châteauroux, payer trois sous et un denier pour ce fait. Il en a coûté plus cher, un peu auparavant, à un drapier de Châteauroux, condamné à vingt sous d'amende pour le même délit. Les mesures pour le vin sont aussi vérifiées par les agents de la ville, qui les apportent à la maison commune, où elles sont examinées (5). Quant à la mesure du blé, il semble que, pour les ventes publiques tout au moins, on ne puisse faire usage que du setier et de l'hémine du Consulat, lesquels se trouvent sur la place même et à la dis-

---

(1) *Vidit..... in platea duos porcos salsatos, qui mortui fuerant malo morbo, ut dicebant carnifices; et erant Audoini Lefourt; et vidit... cum dicti consules combussissent porcos, ipsum bannirl in perpetuum, cum trompis.*

(2) *Petrus Velade..... vidit capi in mercato ville Nobiliaci Stephanum Dressere, pro eo quod furatus fuerat duos boves..... versus Subterianeam, quos volebat vendere in mercato dicte ville; et vidit ipsum pont in prisione..... dicti boves fuerunt redditi homini cujus erant, per consules.*

(3) *Frater Vincentius, ordinis Templi..... vidit, in nundinis et mercatis, quod consules et vigerii dicte ville accipiebant alnas et eas adjustabant; et cum inveniebant alnam bonam, eam reddebant illi cujus erat..... Magister Galterius, factor ciforum..... vidit capi in nundinis, per consules ville, falsas alnas et eas frangi..... Helyas Panabeus vidit quod duo burgenses, quorum unus erat de Castro Radulpho, et alter erat de Chardenallies, gatgiaverunt emendam, quilibet de tribus solidis cum uno denario, quia habebant falsas alnas et cubitus.*

(4) *Audoinus, prior de Chateluz..... vidit Nanterium, custodem regalium, admensurare alnam et cubitum dicte ville ad quoddam pilarium monasterii sancti Leonardi; et dicta admensuratio adhuc est in dicto pilario.*

(5) *Magister Galterius, factor ciforum, de mensuris o ni, vidit eas multociens capi per consules, et eas portari ad domum consolatus.*

position de tous (1), moyennant le paiement d'un petit droit prélevé en nature sur chaque vente. Les mesures de grain que les particuliers ont chez eux doivent être conformes au type officiel.

Pendant que la police locale déploie toute sa vigilance et tout son zèle pour protéger la bourse des hôtes de la ville, l'ennemi, lui aussi, veille et travaille : les voleurs de toute catégorie poursuivent leur vieille guerre contre le capital et se livrent, avec plus ou moins d'habileté, à leur coupable industrie. On en rencontre plusieurs variétés sur le champ de foire.

Ce sont d'abord les coupeurs de bourse, qui se glissent dans la foule et enlèvent l'argent des étrangers pendant que l'attention de ces derniers est absorbée par les étalages des marchands ou les jeux des baladins. Deux de ces larrons sont pris en flagrant délit, avec une femme, leur complice. Le prévôt de l'évêque les condamne à être pendus et ils sont aussitôt conduits au gibet, la corde au cou (2). Trois jeunes garçons, qui se livrent au même métier, sont remis entre les mains des consuls. Ceux-ci, qui tiennent leur tribunal tantôt à l'hôtel-de-ville, tantôt au milieu de la place publique, sous l'ormeau planté devant l'église de Notre-Dame, décident que ces précoces vauriens auront l'oreille coupée : ils font toutefois grâce au plus jeune à cause de son âge, mais à la condition qu'il exécutera lui-même la sentence et coupera les oreilles de ses deux camarades. Cela lui sera d'un salutaire exemple et on n'aura pas besoin de déranger le bourreau, qui est à ses affaires, peut-être à son étal de boucher. La sentence reçoit, suivant l'usage, son exécution à la Porte Aumônière. Puis les trois petits voleurs sont bannis à perpétuité de la ville : ils iront se faire pendre ailleurs (3).

---

(1) *Leonardus Goudelli..... vidit mensuras lapideas ad bladum in platea communi Nobiliaci, et adhuc sunt in dicta platea..... Petrus Velade : in platea in qua sunt mensure ad bladum.*

(2) *Stephanus, subprior sancti Leonardi..... Duos latrones et unam mulierem latronem, scisores bursarum, captos in nundinis ville de Nobiliaco, vidit duci per prepositum episcopi, Bertrandum de Vassinhaco, ad aulam episcopi Lemovicensis..... deinde..... duci ad furchas dictos duos latrones per dictum Bertrandum et per alios allocatos episcopi. Et vidit quod ipsi latrones habebant cordas ad colla..... audivit dictam mulierem banniri de mandato episcopi.*

(3) *Vidit tres pueros captos .... in domo consulum, et fuerant capti pro eo quod scindebant bursas peregrinorum..... Statim consules dicte ville judicaverunt duos majores ad perdendum auriculas, et quod tercius ex eisdem*

Mais la bourse des bonnes gens a d'autres ennemis. Voici deux escrocs qu'on vient de prendre et qu'on mène à la potence (1). Le gibet ne chômera pas aujourd'hui. Il va avoir encore d'autres clients. — Tous les jeux ne sont pas loyaux, parmi ceux que d'adroits industriels proposent à la naïveté des passants. Quand la tromperie dépasse par trop les bornes, la police s'en mêle et fait souvent payer cher leur subtilité aux ingénieux joueurs de bonnetaud de cette époque. Nous en voyons deux qui se sont assuré des chances de gain exagérées au détriment de leurs trop candides partners. Ils en seraient quittes, devant un juge de nos jours, pour une amende, quelques jours de prison au plus. Le sénéchal de Saint-Léonard, en 1270, est moins accommodant; il les envoie à la potence, comme les autres (2). Il faut dire qu'ils ne sont pas seulement accusés d'avoir pris certaines précautions pour se concilier des chances favorables au jeu : un bourgeois qui s'est laissé prendre au charme de leur boniment et a dû, pour payer la partie, faire changer une pièce d'argent, a reçu d'eux de la monnaie de plomb (3). On regarde de près à la monnaie, au temps de Saint-Louis : on y regardera de bien plus près un demi-siècle plus tard.

Les crieurs de l'évêque et du consulat annoncent, à son de trompe, les bans qu'ils sont chargés de publier. Ils somment les accusés en fuite et les condamnés par contumace d'avoir à comparaître devant les juges : à défaut de quoi ils seront bannis à perpétuité de la ville et leur maison rasée. Ils invitent les habitants à assister aux audiences criminelles; ils précèdent les larrons qu'on fustige dans les rues et qui portent sur le dos les objets volés; ils ouvrent la marche du cortège qui mène les criminels à la potence. Ils notifient à tous les ordres et les mandements reçus du sénéchal de la province, ceux surtout relatifs à l'envoi, par la commune, de son contingent à l'armée du Roi; ils invitent les citoyens à préparer leur équipement et annoncent que les consuls distri-

---

eas amputaret; et fuerunt eis amputate ad portam Elemosinariam. Et fuerunt predicti tres pueri banniti de villa, cum trompis, ex parte Regis et consulum.

(1) *Helyas Panabeus : Jacobus, serviens regis, cepit duos quillatores in nundinis sancti Leonardi..... et fecit eos suspendi ad furchas dicte ville.*

(2) *Constantinus Marches..... senescallus..... judicavit duos joculatores ad Botencoraye ad suspendendum, et dicebatur quod deciperant (sic) gentes per ludum suum.*

(3) *Petrus Fabri : deceperant quemdam hominem in mutatione monete plombi pro moneta argentea.*

bueront les armes de l'arsenal municipal aux miliciens qui n'en possèdent pas en propre. Ces crieurs, enfin, font des annonces pour les particuliers, pour les marchands de vin, surtout.

Et la foule accourt à la voix de ces hérauts, manifestant par des clameurs, des vivats ou des huées, les sentiments qui l'animent, les passions qui l'agitent. Elle accompagne tumultueusement les coupables au lieu de l'exécution ; elle encombre les abords de la grande église de Saint-Léonard, de la maison commune, de la Porte Aumônière ; elle se presse surtout sur la grande place, autour des siéges des consuls, qui rendent la justice sous l'ormeau du parvis de Notre-Dame ..

Nous n'avons pu donner ici, du tableau tracé par l'enquête si curieuse de nos archives, qu'une esquisse bien courte et bien sèche. Telle qu'elle est, il nous a semblé qu'elle n'en offrirait pas moins quelque intérêt.

Le Bas-Limousin et la Montagne possédaient aussi des foires dès une époque fort reculée. Un passage des *Miracles* de saint Etienne de Muret, fondateur de l'ordre de Grandmont, mentionne, par exemple, celle qui se tenait à Egletons le jour de la saint Michel (1). Le texte dont il s'agit remonte à la fin du xiie siècle. La saint Clair de Tulle est fort ancienne ; il en est de même des principales foires d'Argentat, de Treignac, de Brive ; mais nous ..'en connaissons pas de mentions datant d'une époque aussi reculée. Au xvie siècle, on trouve l'indication d'un assez grand nombre de foires dans cette région : ainsi, un Journal domestique signale celles des 2 janvier, 26 juin, 29 août et 25 novembre à Alassac et celles du 20 janvier (saint Sébastien), du 3 février (saint Blaise) et du 22 août (octave de l'Assomption) au Saillant (2). Quelques-uns des marchés ou foires du Bas-Limousin se tiennent, semble-t-il, auprès des ponts, comme certaines assemblées du Roussillon et du Béarn.

Louis GUIBERT.

(Extrait de l'Almanach limousin pour 1887.)

(1) *Apud Glutorum* (sic) *villam, in festo sancti Michaëlis, nundine, ut moris illius ville est, celebrabantur* (Manuscrit du xiiie siècle, au séminaire de Limoges, dénommé — peut-être à tort — *Speculum Grandimontis*, p. 98).

(2) Journal domestique d'Elie de Roffignac, communiqué par M. G. Champeval.

Limoges, Imp. Ve H. Ducourtieux, rue des Arènes.